INVENTAIRE.
X 5.174

AF613413

NOUVEL ALPHABET

INSTRUCTIF ET PITTORESQUE

OU

PREMIER LIVRE DES ENFANTS

contenant un grand nombre d'exercices de lecture

ET UN CHOIX D'HISTORIETTES MORALES

ILLUSTRÉ DE 108 JOLIES GRAVURES

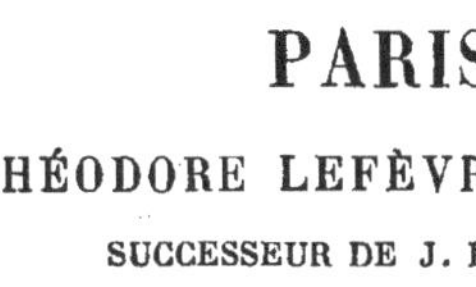

PARIS

THÉODORE LEFÈVRE, ÉDITEUR

SUCCESSEUR DE J. LANGLUMÉ

2, rue des Poitevins.

X

NOUVEL

ALPHABET

INSTRUCTIF ET PITTORESQUE

CORBEIL. — TYPOGRAPHIE ET STÉRÉOTYPIE DE CRÉTÉ.

NOUVEL
ALPHABET
INSTRUCTIF ET PITTORESQUE

OU

PREMIER LIVRE DES ENFANTS

contenant un grand nombre d'exercices de lecture

ET UN CHOIX D'HISTORIETTES MORALES

ILLUSTRÉ

DE 108 JOLIES GRAVURES

PARIS

THÉODORE LEFÈVRE, ÉDITEUR

SUCCESSEUR DE J. LANGLUMÉ

2, rue des Poitevins.

1865

5174

LETTRES MAJUSCULES.

A B C D E

F G H I J

K L M N O

P Q R S T

U V X Y Z

Æ Œ W

LETTRES MINUSCULES.

a b c d e

f g h i j k

l m n o p

q r s t u

v x y z

LETTRES ITALIQUES MAJUSCULES ET MINUSCULES.

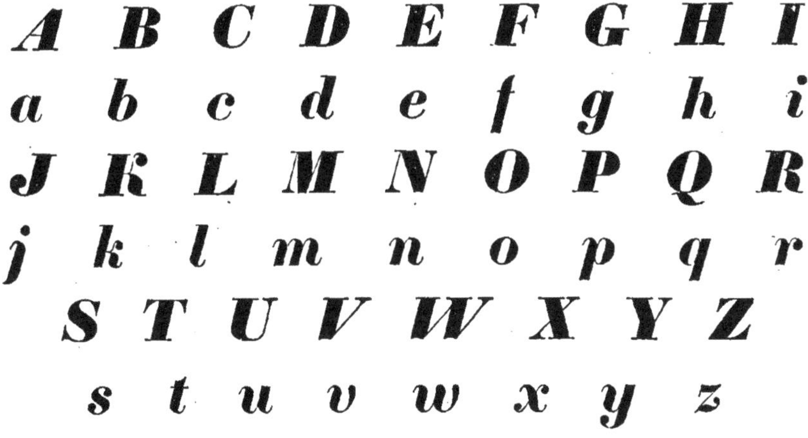

LETTRES ANGLAISES MAJUSCULES ET MINUSCULES.

A B C D E F G H

a b c d e f g h

I J K L M N O P

i j k l m n o p

Q R S T U V W

q r s t u v w

X x Y y Z z

LETTRES GOTHIQUES MAJUSCULES.

LETTRES GOTHIQUES MINUSCULES.

a b c d e f g h i j k l m

n o p q r s t u v w x y z

LETTRES RONDES MAJUSCULES.

A B C D E F G H

I K L M N O P Q

R S T U V X Y Z

LETTRES RONDES MINUSCULES.

a b c d e f g h i j k l m

n o p q r s t u v x y z

a

A-ne **Ai-gle**

Bé-cas-se **Buf-fle**

C

Che-val **Coq**

Din-de **Daim**

e

É-lé-phant **É-per-vi-er**

F
f

Fai-san **Fa-on**

Gri-ve

Gi-ra-fe

Hy-è-ne

Hi-bou

I-bis

I-sa-tis

Ja-gu-ar **Ja-cot**

Ka-ka-to-ès **Kan-gu-ro**

L l

Loup **Li-on**

Mer-le **Man-dril**

N

n

Nyl-gaul **Ni-ve-ro-le**

O

o

Ours **Oie**

P p

Pan-thè-re

Per-drix

Q q

Que-ri-va

Quin-ca-jou

R r

Ro-lier

Rhi-no-cé-ros

s

San-gli-er

Spa-tu-le

T

t

Té-tras

Ta-pir

U

u

U-nau

U-ru-bu

Veu-ve **Vi-go-gne**

x

Xo-chi-tot **Xa-qus**

Y

y

Ya-ti **Ya-cou**

Z z

Zi-zi **Zè-bre**

W w

Wo-lo **Wer-mil-lon**

LETTRES DOUBLES.

æ œ fi ffi fl ffl ff w

œuf, bœuf, œil.

LETTRES VOYELLES.

a è é e i o u

LETTRES CONSONNES.

b c d f g h j k l m

n p q r s t v x z

EXERCICES.

c l d b u v m z s

a e h k n q f w g

i o r p j t x

SYLLABES.

ba ca da

fa ga

ma na

be ce de je le me

ne pe re se te ve

bi ci di fi gi hi

ki li mi ni pi ri

si ti vi bo co do

fo go ho jo ko lo

mo po ro so to vo

bu cu du fu gu hu

ju lu mu pu ru su

SYLLABES DE TROIS LETTRES

É-lan

Coq

bla	**ble**	**bli**	**blo**	**blu**
bra	**bre**	**bri**	**bro**	**bru**
cla	**cle**	**cli**	**clo**	**clu**
cra	**cre**	**cri**	**cro**	**cru**
dra	**dre**	**dri**	**dro**	**dru**
fla	**fle**	**fli**	**flo**	**flu**
fra	**fre**	**fri**	**fro**	**fru**
gla	**gle**	**gli**	**glo**	**glu**
gra	**gre**	**gri**	**gro**	**gru**

SYLLABES DE QUATRE LETTRES

Chas-seur

Ma-çon

blou	**bleu**	**blai**	**blau**
crou	**creu**	**croi**	**crau**
deux	**dans**	**dais**	**dort**
frou	**freu**	**froi**	**frai**
glou	**gloi**	**glai**	**glan**
heur	**huis**	**hain**	**hail**
jaie	**jain**	**jeun**	**joue**
lain	**loie**	**lieu**	**loir**
nais	**nier**	**nair**	**noir**
plou	**plon**	**pleu**	**ploi**
roue	**roix**	**rien**	**raie**

MOTS D'UNE SYLLABE

Daim

Cerf

arc	**ail**	**air**	**art**
beau	**bon**	**bas**	**bouc**
chou	**chat**	**clef**	**char**
dur	**dans**	**dos**	**dard**
eau	**fou**	**feu**	**fer**
gras	**gros**	**gris**	**gai**
jour	**jeu**	**joie**	**juin**
loup	**lait**	**lieu**	**loir**
mou	**mat**	**mer**	**mal**
noio	**nez**	**nul**	**nord**

œuf	ours	œil	oui
pain	plus	parc	prix
plan	pluie	pont	plat
quai	quoi	quel	que
rond	roux	raie	rue
rang	rail	rein	riz
saut	soir	suie	sur
soin	sud	soie	soif
trou	tour	truc	tir
trait	tant	toit	trot
vent	vue	vrai	vol

Veau.

MOTS DE DEUX SYLLABES

an-chois
bon-heur
char-bon

Lan-cier

din-don

Dra-gon

ef-fet	en-trée	es-pion
ga-zon	gâ-teau	ga-lon
ha-chis	hi-hou	hi-ver
jou-jou	ju-ment	je-ton
la-pin	lam-bris	la-bour
mou-ton	ma-man	mou-lin
na-vet	ne-veu	na-cre
our-son	or-tie	oi-seau
pa-pa	pi-ton	plu-me
ra-teau	ru-ban	ra-soir

sa-peur sou-ris tou-pie ti-roir vo-leur

Tam-bour

vau-tour

sou-per soi-rée tur-bot tou-tou voi-sin

MOTS DE TROIS SYLLABES

Vol-ti-geur

a-man-de
ba-lan-ce
ce-ri-se
dî-net-te

Zou-a-ve

é-tu-de	é-tour-di	é-pi-ne
fe-nê-tre	fi-la-teur	fi-dè-le
gi-ra-fe	gé-né-ral	ga-let-te

Qui-vi-ve

ha-ri-cot
ha-bi-le
jus-ti-ce
lu-net-te
la-va-ge

Re-trai-te

lan-cet-te li-brai-re lau-ré-at
me-na-ce ma-la-de ma-li-ce
na-vi-re na-tu-re na-vet-te
o-ran-ge o-rai-son os-se-let
pa-ra-sol pa-ra-de pa-na-de
re-lâ-che ré-col-te re-mè-de

Bi-che et Fa-on

MOTS DE QUATRE SYLLABES

Gre-na-di-er

Na-po-lé-on

au - di - en - ce	**al - lu - met - tes**
ba - lan - çoi - re	**bel - vé - dè - re**
ca - ma - ra - de	**ci - ca - tri - ce**
di - vi - ni - té	**di - rec - ti - on**
é - cu - moi - re	**é - di - fi - ce**
gar - ni - tu - re	**gi - be - lot - te**
hi - ron - del - le	**hy-po-cri-te**
in - jus - ti - ce	**in - no - cen - ce**
jar - di - na - ge	**jar - di - ni - er**
ki - lo - li - tre	**ki - lo - mè - tre**
la - bou - ra - ge	**lu - mi - è - re**
mar - me - la - de	**na - tu - rel - le**
nour - ri - tu - re	**né - gli - gen - ce**

o-ran-ge-rie **oi-si-ve-té**
phi-lo-so-phie **pâ-tis-si-er**
ra-pi-di-té **ré-flex-i-on**
sa-lu-bri-té **sa-ti-é-té**
tran-quil-li-té **tur-pi-tu-de**
u-ni-for-me **u-ti-li-té**
vo-lon-tai-re **vé-ri-ta-ble**

MOTS DE CINQ ET SIX SYLLABES

Hip-po-po-ta-me

La-van-di-è-res

lit-té-ra-le-ment **no-mi-na-ti-on**
pa-ral-lè-le-ment **im-pé-ra-tri-ce**
si-nu-o-si-té **ré-fu-ta-ti-on**
pro-pri-é-tai-re **tem-pé-ra-tu-re**

bi-bli-o-thè-que
ca-fe-ti-è-re
dé-so-bé-is-sant
é-cha-fau-da-ge
fai-né-an-ti-se
in-dé-pen-dan-ce
gé-né-ro-si-té
li-bé-ra-le-ment
ma-nu-fac-tu-re
o-bé-is-san-ce
no-mi-na-tion
tem-pé-ra-tu-re
sen-si-bi-li-té
tra-di-ti-on-nel

di-la-pi-da-ti-on
ka-lé-i-dos-co-pe
o-ri-en-ta-lis-te
dé-so-bé-is-san-ce
gra-ti-fi-ca-ti-on
il-lu-mi-na-ti-on
qua-li-fi-ca-ti-on
im-par-ti-a-li-té
mul-ti-pli-ca-ti-on
mu-ni-ci-pa-li-té
u-ni-ver-sa-li-té
do-mi-ci-li-ai-re
pu-sil-la-ni-mi-té
pu-ri-fi-ca-ti-on

Mou-ton et A-gneau

SIGNES D'ACCENTUATION

Apostrophe. . . . . . . ’
Accent aigu . . . . . . ´
Accent grave . . . . . . `
Accent circonflexe . . . ^

EXERCICES

ACCENT AIGU

é té, é co le, é co lier, ré pé té, brû lé, ré fé ré, ai mé, por té, ai lé, mar ché, la vé, man gé, ti ré, vé ri té, é le vé.

ACCENT GRAVE

pè re, mè re, suc cès, ac cès, mi sè re, frè re, niè ce, voi là, co lè re, lè che, grè ve, lè vre, nè gre, bè gue, sin cè re.

ACCENT CIRCONFLEXE

pâ te, tê te, mê me, gî te, bû che, cô te, dô me, flû te, pê che, hâ te, im pôt, gaî ne, â me, prêt, bê te, â ne, bê che.

PETITES PHRASES

Le loup hurle.
Le chien aboie.
Le cochon grogne.
Le cheval hennit.
Le taureau beugle.
L'âne brait.
Le chat miaule.
L'agneau bêle.
Le lion rugit.
Le renard glapit.
Le moineau pépit.
Le corbeau croasse.
Le pigeon roucoule.
Le coq chante
Le serpent siffle.
La poule glousse.
La pie babille.

Le lièvre court.
Dieu est bon.
Mon cher papa.
Ma chère maman.
Mon petit frère.
Ma petite sœur.
Un petit garçon.
Une petite fille.
Une belle poupée.
Un joli tambour.
Une grosse toupie.
Un vilain polichinel.
Mon petit chat.
Son oiseau chéri.
Un beau papillon.
Une bonne raquette.
Un gros ballon.

Le tigre est féroce.	L'aigle enlève un mouton.
Le temps est laid.	Le soleil se montre.
Il faut jouer ici.	Il faut savoir lire.
Il tombe de l'eau,	On doit savoir compter.
Il fait déjà jour.	Un brin de paille.
Allons, levez-vous vite.	Une belle fleur.
Le déjeuner est prêt.	Le dîner est prêt.
Je vais aller promener.	Ouvrez-moi la porte.
Avec mon petit frère.	Le chien me mord.
Je jouerai avec lui.	On a grondé Paul.
Le chat guette la souris.	Il avait battu Marie.
Le temps est beau.	Il est bien vilain.
Il fait du soleil.	Il restera en pénitence.
Donne-moi le cerceau.	Paul a demandé pardon.
Et puis le ballon.	Il ne le fera plus.
Je suis bien content.	Ah! le joli papillon.

Il faut prêter ses joujoux à sa petite sœur.
Il ne faut pas battre les animaux.
Soyez complaisant pour votre petit frère.

On bat le rappel tous les matins et tous les soirs.
Regarde, ma petite maman, un malheur!
En courant après Léon, je suis tombée.
Ma robe est toute déchirée par devant.
Je me suis égratignée le genou et les mains.
Va mettre de l'eau fraîche dessus.
Prends garde, et ne cours plus aussi fort.

La panthère est un animal qui habite les forêts.
Les enfants sages sont bien aimés.
On doit toujours obéir à son papa.

Levez-vous, mon petit ami, il est tard.
On ne reste pas au lit quand on est éveillé.
Entendez-vous votre petite sœur dans le jardin?
Embrassez votre maman et descendons déjeuner.
Pourquoi faites-vous la grimace?
Maman, c'est que mon lait est trop chaud.
Il faut souffler dessus pour le refroidir.
Sans cela vous vous brûleriez la langue.

Je vais natter les cheveux à ma poupée.
Je lui mettrai sa belle robe et son joli chapeau,
Puis nous irons nous promener avec maman.
Quand elle se sera assise pour travailler,
Je lui demanderai la permission d'aller jouer.
Nous sauterons à la corde avec mes petites amies,
Nous danserons, et puis nous ferons des rondes,
En mettant toutes les poupées au milieu.

Le lion est un animal très-féroce. Paul en a vu un au Jardin des Plantes, mais il en avait si peur, qu'il se cachait toujours derrière sa bonne. Le perroquet est un animal qui répète ce qu'il entend : les petits enfants bavards lui ressemblent et se font détester de tout le monde.

Maman, j'ai voulu cueillir une rose, je me suis piqué le doigt.

Il a saigné bien fort, cela me fait beaucoup de mal. Veux-tu mettre dessus un petit linge? Non, Édouard, cela se guérira tout seul. Une autre fois tu prendras garde aux épines. Mais tu n'as pas pleuré, viens m'embrasser.

CHIFFRES ROMAINS.

I	II	III	IV	V	VI	VII	VIII
un	deux	trois	quatre	cinq	six	sept	huit

IX	X	L	C	D	M
neuf	dix	cinquante	cent	cinq cents	mille

CHIFFRES ARABES.

1	2	3	4	5	6	7	8	9	0
un	deux	trois	quatre	cinq	six	sept	huit	neuf	zéro

Quinze	15	XV
Trente-trois	33	XXXIII
Cinquante-neuf	59	LIX
Soixante dix-huit . . .	78	LXXVIII
Quatre-vingt-quatorze. .	94	XCIV
Cent dix-sept	117	CXVII
Cinq cent cinquante . .	550	DL
Mil huit cent soixante-cinq	1865	MDCCCLV

Venez ici, mes enfants, je vais vous apprendre la division du temps. Il est honteux à votre âge de ne pas encore la connaître.

Il y a quatre saisons : le printemps, l'été, l'automne et l'hiver.

Il y a douze mois dans l'année : janvier, février, mars, avril, mai, juin, juillet, août, septembre, octobre, novembre et décembre.

Les douze mois font trois cent soixante-cinq jours. Il y a quatre semaines dans un mois et sept jours dans une semaine : lundi, mardi, mercredi, jeudi, vendredi, samedi et dimanche.

Il faut aussi que vous sachiez qu'il y a vingt-quatre heures dans la journée et soixante minutes dans une heure.

Edmond, vous avez été bien sage ce matin. Prenez votre tabouret, venez près de maman. Causons un peu maintenant. Voici une belle image.

Elle vous montre un oiseleur qui tend des filets pour prendre de petits oiseaux et aller les vendre.

C'est un vilain métier. Il va priver les petits de leur mère et les exposer à mourir de faim.

Regardez maintenant celle-ci, voyez ce petit

ramoneur qui crie : Ramonez la cheminée, ramonez-la de haut en bas !

Sa mère, qui était trop pauvre pour le nourrir, l'aura envoyé de bien loin à Paris pour gagner sa vie; le pauvre petit, il a bien froid! Maman, quand il en passera un, veux-tu me permettre de lui donner un de mes petits habits? il n'aurait pas si froid l'hiver.

Oui, mon ami, il faut toujours secourir les malheureux, cela attire les bénédictions du bon Dieu.

LE PETIT VOLEUR

Après une nuit très-orageuse, pendant laquelle le vent avait soufflé avec violence, le petit Grégoire s'aperçut qu'il y avait beaucoup de pommes tombées sur l'herbe, dans le verger voisin.

Vite, il écarte les branches de la haie, et s'introduit furtivement par cette ouverture; puis il ramasse des pommes en quantité et en remplit son tablier et les poches de sa veste.

Au même instant, le propriétaire paraît à la porte de son jardin, armé d'un gros bâton avec lequel il menace le petit voleur.

Celui-ci se hâte de fuir, et croit pouvoir passer par le trou qu'il a fait pour entrer.

Il se glisse donc à quatre pattes à travers la haie, et déjà il se croit sauvé, lorsqu'il se sent retenu par ses poches, qui étaient trop pleines pour qu'il pût passer.

Pendant qu'il fait de vains efforts pour écarter les branches d'aubépine, le propriétaire arrive près de lui et fait semblant de vouloir le battre comme il le mérite, il parle même de le conduire en prison.

Mais, après lui avoir fait rendre les pommes, il se contente de le réprimander sévèrement, en lui faisant promettre de ne plus jamais se rendre coupable d'une aussi vilaine action.

Grégoire eut une si belle peur et fut d'ailleurs si honteux de ce qu'il avait fait, que jamais il ne se laissa tenter de toucher au bien d'autrui.

LE PRIX DE LA COURSE

Un homme qui avait deux fils, les mena un jour dans un champ, et, tirant un gâteau de sa poche, il leur dit qu'il le donnerait à celui qui arriverait le premier à une barrière placée à deux cents pas. Nos deux petits rivaux partirent ensemble au signal convenu, et se mirent à courir de toute la vitesse de leurs jambes.

Ils seraient arrivés tous deux en même temps au but, si le pied de Tommy n'eût glissé sur

l'herbe, ce qui le fit tomber, et, par cet accident, Henri, son frère, gagna le prix sans dispute. Son père lui donna le gâteau, ainsi qu'il l'avait promis. Henri le prit, mais il courut aussitôt en porter la moitié à son frère. Si le pied m'avait glissé, dit-il, et que je fusse tombé, j'aurais été bien aise que Tommy me donnât de son gâteau : aussi je pense qu'il ne sera pas fâché d'avoir du mien.

C'est ainsi que devraient se comporter tous les enfants. Il n'est rien de si juste que de faire pour les autres ce que nous voudrions que l'on fît pour nous-mêmes. C'est le véritable moyen de se faire aimer.

LE PETIT RAMONEUR

La petite Agathe était tellement peureuse qu'elle se mettait à crier quand elle voyait un ramoneur. Son papa et sa maman se disaient : Si notre petite continue comme cela, elle sera bien bête lorsqu'elle sera grande; il faut absolument la corriger de ce défaut-là. Sa maman s'en occupa, et voici comment elle s'y prit. Agathe n'avait encore que trois ans, et lisait très-bien les trois premières pages de son alphabet. Son papa était si content d'elle, qu'il lui donnait un sou toutes les fois qu'elle lisait une page nouvelle sans se tromper : aussitôt elle courait acheter un gâteau à un petit marchand qui était près de la maison.

Sa maman dit au petit garçon : Si tu veux te mettre comme un ramoneur, je te donnerai tous les jours douze sous. Le petit sauta de joie, et dès le lendemain il parut à sa boutique, barbouillé comme le plus fameux ramoneur. Agathe, ce jour-là, gagna deux sous et courut bien vite acheter deux gâteaux : mais quand elle vit la main qui les lui donnait, elle regarda le petit marchand, et, ne le reconnaissant plus, elle s'enfuit sans les prendre. Il l'appelle : elle reconnaissait sa voix, mais elle ne voulait pas le regarder ; cependant elle désirait ses gâteaux. Il lui criait : Apporte ton petit panier, je les mettrai dedans, ils sont bien bons aujourd'hui. Elle lui porta son panier, et le lendemain elle se fit un jeu d'y retourner.

LE SOLEIL

Pourquoi ne fait-il pas toujours un beau soleil? disait la petite Marguerite en regardant tristement le ciel chargé de gros nuages.

Ce souhait ne tarda pas à s'accomplir; six grandes semaines s'écoulèrent sans qu'il tombât une seule goutte d'eau.

Les champs et les prairies souffrirent beaucoup de cette longue sécheresse. Mais ce fut surtout dans le jardin de Marguerite qu'elle se fit le plus cruellement sentir.

Ses pauvres fleurs penchaient tristement la tête; les feuilles de ses jolis arbustes jaunissaient, et l'on voyait chaque soir la pauvre petite l'arrosoir à la main. Quand elle s'était bien fatiguée, elle disait en soupirant :

Ah! s'il pouvait seulement pleuvoir pendant une journée!

— Tu vois, lui disait alors sa mère, que tout ce que Dieu fait est bien fait, et que la pluie est aussi nécessaire que le soleil.

LES DEUX CORBEILLES

Angélique et Alexandrine étaient deux petites paysannes d'un caractère bien différent.

Angélique était courageuse et toujours gaie.

Alexandrine était souvent maussade et n'aimait pas à se donner la moindre peine.

Un jour, leur mère les ayant envoyées porter chacune une corbeille de fruits à la ville voisine,

elles la placèrent sur leur tête, comme c'était l'usage du pays.

A peine furent-elles en route qu'Alexandrine se mit à pousser de gros soupirs, et même à murmurer de la lourdeur du fardeau.

Angélique, au contraire, cheminait gaiement, chantant et riant tour à tour.

Alexandrine ne put s'empêcher d'en être étonnée, et elle lui dit :

— Comment se fait-il que tu sois si gaie ! ta corbeille est aussi lourde que la mienne, et cependant tu ne parais pas fatiguée !

Angélique répondit d'un air mystérieux :

— Je vais te dire mon secret : j'ai mis en partant dans ma corbeille, une petite racine qui a la vertu de rendre légers les fardeaux les plus lourds.

— Vraiment ! s'écria Alexandrine, de plus en plus étonnée ; mais ce doit être une racine bien précieuse ! Dis-moi vite comment elle s'appelle?

— Elle s'appelle, dit Angélique, elle s'appelle..... tu ne devines pas ?

— Mais non... dépêche-toi donc de me le dire.

— Eh bien, reprit enfin Angélique en souriant, cette petite racine qui m'empêche de sentir le poids de mon fardeau, c'est *la racine de patience.*

Alexandrine comprit la leçon que lui donnait amicalement sa compagne ; elle tâcha d'en profiter, et s'en trouva fort bien.

LES ENFANTS QUI JOUENT AVEC LE FEU

Madame Durosier avait une jolie petite fille, nommée Rose, et un petit garçon qui s'appelait Alphonse ; tous deux étaient aimables parce

qu'ils ne se disputaient jamais ; ils avaient pourtant le défaut de toucher au feu ou de jouer avec la lumière, ce qui obligeait à les surveiller de très-près. Un soir, madame Durosier fut obligée de descendre chez sa voisine et de laisser ses enfants seuls. Aussitôt qu'ils ne virent plus leur maman, l'un prit le soufflet et souffla le feu si fort que les étincelles mirent le feu à ses habits ; l'autre s'amusait à brûler de petits papiers à la chandelle, et prenait le chandelier à sa main ; le feu gagna alors ses beaux cheveux et avait commencé à lui brûler un petit coin de l'oreille lorsque leur maman rentra. Elle fut fort effrayée en les voyant, elle crut ses deux enfants brûlés, car les habits du petit commençaient à s'enflammer ; elle courut éteindre le feu qui était aux cheveux de la petite, et n'eut que le temps d'ôter les habits du petit, qui criait de toutes ses forces. Ils eurent quelques jours à souffrir ; mais, grâce aux soins de leur maman, ils furent parfaitement guéris, et n'eurent plus envie de toucher au feu.

BIBLIOTHÈQUE IMPÉRIALE

Corbeil, typographie et stéréotypie de Crété.

OUVRAGES D'ÉDUCATION

Volumes illustrés et imprimés en gros caractères.

Les Étrennes de Cadmus. Petites leçons de lectures très-faciles pour les enfants, suivies de petites histoires très-intéressantes pour le premier âge. 1 volume in-18, avec gravures.

Les Petits Enfants. Premières lectures, par madame WETZELL. In-18.

La Petite Famille. Secondes lectures, par la même. In-18.

Causeries d'enfants, suivies de petites historiettes, par la même. In-18.

Nouveaux Contes, dédiés à l'enfance, par madame de NOUVRAY. Nouvelle édition, revue par madame WETZELL. 1 volume in-18.

Récréations du jeune âge, ou *Historiettes instructives et morales*, par BERQUIN. 1 vol. in-18.

Récits et Nouvelles pour l'enfance, par madame DE GAULE. 1 volume in-12, orné de 12 gravures sur acier.

Contes à ma petite fille et à mon petit garçon, par madame DE RENNEVILLE. Nouuelle édition, augmentée du prince Adolphe, par madame WETZELL. 1 vol. in-12, orné de 12 gravures sur acier.

Contes à mes petits élèves, par madame WETZELL. In-12, orné de 12 gravures sur acier.

Fables de La Fontaine, suivies de *Philémon et Baucis* et des *Filles de Minée*, précédées de la Vie d'Ésope. Nouvelle édition, avec notes et figures.

Fables de Florian, annotées par A. RÉNÉ, suivies des poëmes de *Ruth* et *Tobie*. In-18, avec gravures.

Fables de Fénelon, In-18, avec gravures.

Aventures de Télémaque et celles d'Aristonoüs, par Fénelon. Nouvelle édition, avec notes. In-12, avec gravures.

Robinson américain, ou *Trois ans de voyage dans l'Amérique du Nord*, par mademoiselle Emma FAUCON. 1 vol. in-12, orné de 12 gravures.

Buffon pittoresque de la jeunesse, ou *Tableaux instructifs et amusants de l'histoire des Animaux*. 1 vol, in-12, orné de 12 gravures.

CORBEIL — TYP. ET STÉR. DE CRÉTÉ.

www.ingramcontent.com/pod-product-compliance
Ingram Content Group UK Ltd.
Pitfield, Milton Keynes, MK11 3LW, UK
UKHW021132230726
13926UKWH00002B/751

9 782014 088861